Inhalt

Umsatzsteuer - Statt Ursprungslandprinzip ab 2010 Empfängerortprinzip

Kernthesen

Beitrag

Fallbeispiele

Weiterführende Literatur

Impressum

Umsatzsteuer - Statt Ursprungslandprinzip ab 2010 Empfängerortprinzip

A.Kaindl

Kernthesen

- Am 01.01.2010 traten gravierende Änderungen des Umsatzsteuergesetzes in Kraft.
- Insbesondere Unternehmen, die grenzüberschreitende Dienstleistungen anbieten und beziehen, sind betroffen.
- Wichtigste Änderungen sind die Einführung des Empfängerortprinzips, die Erweiterung des sogenannten Reverse-Charge-Verfahrens und die Einführung

eines neuen Vorsteuer-
Vergütungsverfahrens.

Beitrag

Einführung des Empfängerortprinzips

Zum 01.01.2010 trat die Novellierung des Umsatzsteuerrechts durch das Mehrwertsteuer-Paket der Europäischen Union (EU) in Kraft. Als wichtigste Änderung gilt die Einführung des Empfängerortprinzips bei sonstigen Leistungen. Betroffen von den Änderungen sind nicht nur im Ausland tätige deutsche Unternehmen, auch auf deutsche Leistungsempfänger kommen neue Melde- und Aufzeichnungspflichten zu. (2)

Für die Umsatzbesteuerung von grenzüberschreitenden Dienstleistungen galt in der EU bis zum 31.12.2009 das Ursprungslandprinzip. Die Umsatzbesteuerung erfolgte danach im Herkunftsland des Dienstleistungserbringers. Ein französisches Unternehmen, das für einen deutschen Kunden tätig wurde, hatte den Umsatz in Frankreich zu versteuern. Sofern der Kunde ein Unternehmer ist, gilt ab dem 01.01.2010 statt des Ursprungslandprinzips das Empfängerortprinzip. Die Umsatzbesteuerung der Dienstleistung erfolgt künftig in dem Land, in dem der Kunde ansässig ist. Wird der französische Dienstleister für ein deutsches Unternehmen tätig, fällt die Umsatzsteuer seit dem 01.01.2010 in Deutschland an. (1)

Die seit jeher im Umsatzsteuergesetz vorgenommene Differenzierung zwischen der Lieferung von Waren und dem Erbringen von Dienstleistungen (sonstige Leistungen) entscheidet über den Ort und damit über die Steuerbarkeit des jeweiligen Umsatzes. Bei der Ortsbestimmung sonstiger Leistungen hat sich ein lang angekündigter Systemwechsel vollzogen. Bereits mit dem Jahressteuergesetz 2009 vom 19.12.2008 wurde das Mehrwertsteuer-Paket der EU in nationales Recht umgesetzt. Seit dem 01.01.2010 bleibt es danach grundsätzlich nur bei sonstigen Leistungen an Nichtunternehmer bei dem Ort, von dem aus der leistende Unternehmer sein Unternehmen betreibt. Weitreichende Änderungen ergeben sich bei der Umsatzbesteuerung derjenigen sonstigen Leistungen, die an andere Unternehmer für deren Unternehmen erbracht werden. Von zahlreichen Ausnahmen abgesehen, werden diese seit dem 01.01.2010 dort ausgeführt, wo der Leistungsempfänger sein Unternehmen betreibt. Gleiches gilt für sonstige Leistungen an juristische Personen, die bei der

Auftragsvergabe mit einer Umsatzsteuer-Identifikationsnummer (USt-IdNr.) auftreten. Zu den Ausnahmen zählen beispielsweise Grundstücksleistungen. Diese werden unverändert dort der Umsatzsteuer unterworfen, wo das Grundstück liegt. Künstlerische und unterrichtende Leistungen werden da umsatzsteuerlich erfasst, wo sie tatsächlich ausgeführt werden. (2), (3)

Erweiterung des Reverse-Charge-Verfahrens

Die Einführung des Empfängerortprinzips hat weit reichende Konsequenzen, da es zu einer Umkehr der Steuerschuldnerschaft kommt. Steuerschuldner ist nicht mehr wie bisher der Dienstleistungserbringer, sondern der Empfänger der Leistung. Hinsichtlich des Reverse-Charge-Verfahrens (Umkehr der Steuerschuldnerschaft auf den Leistungsempfänger) räumte das EU-Recht den Mitgliedstaaten in der Vergangenheit vielfach ein Wahlrecht ein, ob der leistende Unternehmer oder aber der Leistungsempfänger für die Umsatzbesteuerung verantwortlich sein soll. Aus diesem Grund war bislang regelmäßig eine Einzelfallprüfung vorzunehmen, ob der Dienstleistungserbringer die Umsatzsteuer abführen muss oder ob das Reverse-Charge-Verfahren greift. Die Einzelfallprüfung erübrigt sich nunmehr ab 01.01.2010, da in allen EU-Mitgliedstaaten einheitlich das Reverse-Charge-Verfahren zur Anwendung kommt. (3)

Für die Anwendung des Reverse-Charge-Verfahrens wurde der Begriff des ausländischen Unternehmers zum 01.01.2010 modifiziert: Bislang galt ein Unternehmer als im Ausland ansässig, sofern er weder über Sitz, Wohnsitz, Geschäftsleitung noch eine Zweigniederlassung im Inland verfügte. Künftig gilt ein Unternehmer als im Ausland ansässig, wenn dieser im Inland weder Wohnsitz, Sitz, Geschäftsleitung noch eine Betriebsstätte innehat. Hat der ausländische Leistungserbringer in Deutschland eine Betriebsstätte (mit steuerlicher Registrierung), darf diese Betriebsstätte für die Bestimmung der Ansässigkeit nicht berücksichtigt werden, wenn diese nicht an der Erbringung der umsatzpflichtigen Dienstleistung beteiligt war. (3)

Auswirkungen der Umsatzsteueränderungen auf das tägliche Geschäft

Abhängig vom Ort der sonstigen Leistung müssen in Deutschland ansässige Unternehmer im täglichen Geschäft folgende Grundsätze beachten:

Für von inländischen Unternehmen erbrachte sonstige Leistungen ergeben sich keine Änderungen. Diese Umsätze unterliegen wie in der Vergangenheit dem allgemeinen Besteuerungsverfahren. Bezieht ein deutscher Unternehmer dagegen Leistungen von ausländischen Unternehmen, schuldet er hierfür die deutsche Umsatzsteuer. Der leistende Unternehmer darf in seinen Rechnungen keine Umsatzsteuer gesondert ausweisen.

Die von deutschen Unternehmen für ausländische Unternehmen erbrachten sonstigen Leistungen unterliegen in den jeweiligen EU-Mitgliedstaaten der Umsatzbesteuerung. Infolge dessen schuldet der dort ansässige Leistungsempfänger seiner Finanzbehörde die anfallende Umsatzsteuer. Der Dienstleistungserbringer ist zur Ausstellung einer Netto-Rechnung mit dem Texthinweis, dass die Steuerschuldnerschaft auf den Leistungsempfänger übergeht, verpflichtet. (2), (3)

Wenn auf eine Dienstleistung nicht mehr das Umsatzsteuerrecht des Herkunftslandes, sondern des Empfängerlandes anzuwenden ist, kann sich dadurch die Höhe des Steuersatzes ändern. Hinsichtlich der Steuersätze bestehen in der EU beträchtliche Unterschiede: Während der normale Steuersatz in Luxemburg bei nur 15 Prozent liegt, werden in

Schweden 25 Prozent fällig. (1)

Neue Melde- und Anzeigepflichten

Auf die Unternehmen kommen neue Melde- und Anzeigepflichten zu. Sowohl in der Umsatzsteuer-Voranmeldung als auch in der Umsatzsteuer-Jahreserklärung müssen ab 2010 alle Dienstleistungen erklärt werden, die unter das Empfängerortprinzip fallen und für die in anderen Mitgliedstaaten ansässige Leistungsempfänger dort anfallende Umsatzsteuer schulden.

Zusätzlich angabepflichtig sind in der mit dem EU-Binnenmarkt eingeführten "Zusammenfassenden Meldung" (ZM) künftig die USt-IdNr. jedes einzelnen Leistungsempfängers aus einem anderen Mitgliedstaat sowie die Umsatzsumme aller an ihn erbrachten steuerpflichtigen sonstigen Leistungen. Die ZM ist grundsätzlich monatlich elektronisch bis zum 25. Tag des Folgemonats abzugeben. Damit nimmt die Bedeutung der ZM weiter zu. (2), (3), (4)

Hintergrund für die Ausweitung der Meldepflichten in der ZM auch auf grenzüberschreitende Dienstleistungen war das aus Sicht der Mitgliedstaaten verständliche Bestreben, auch die zutreffende Erfassung von Reverse-Charge-Eingangsumsätzen kontrollieren zu können. Die Vorschriften in ihrer derzeitigen Form weisen jedoch Umsetzungsmängel auf, die dem mit diesen Vorschriften verfolgten Ziel zuwiderlaufen. Der Gesetzgeber hat bei der Formulierung des Gesetzestextes die notwendige Präzision vermissen lassen. Es müssen zu viele Daten in der ZM angegeben werden. Ein Datenabgleich ist deshalb nicht immer möglich. Des Weiteren ist nicht geregelt, wann überhaupt die Verpflichtung besteht, eine ZM abzugeben. Eigentlich dürfte diese Meldepflicht nämlich nicht alle in Deutschland erfassten Steuerpflichtigen treffen, sondern nur solche, die dort ansässig sind und aus Deutschland heraus sonstige Leistungen erbringen. (4)

Kommt der deutsche Steuerpflichtige seinen neuen Pflichten nicht, nicht richtig, nicht vollständig oder nicht rechtzeitig nach, kann dies als Ordnungswidrigkeit mit einem Bußgeld von bis zu 5 000 Euro geahndet werden. Sorgfalt ist für inländische Unternehmer auch beim Nachweis der Unternehmereigenschaft ihrer Kunden angebracht. Die neue Ortsbestimmung setzt zwingend einen Bezug der sonstigen Leistung für den unternehmerischen Bereich des Leistungsempfängers voraus. (1), (2)

Umstellung und Vereinfachung des Vorsteuervergütungsverfahrens

Eine weitere bedeutende Neuregelung betrifft das Vorsteuervergütungsverfahren. Damit können sich inländische Unternehmen ausländische Umsatzsteuer zurückerstatten lassen. Innerhalb der EU wird das Verfahren nun vereinfacht.

Bisher musste die ausländische Umsatzsteuer in dem jeweiligen Land schriftlich zurückgefordert werden. Viele EU-Mitgliedstaaten bestanden auf eigene Antragsvordrucke in ihrer Landessprache und darüber hinaus mussten dem schriftlichen Antrag bereits die Rechnungsoriginale beigefügt werden. Die bisherige Erstattungsbürokratie war zusätzlich noch gekennzeichnet von teils extremen Warte- und Bearbeitungszeiten von bis zu sieben Jahren.

Ab dem 01.01.2010 können in der EU ansässige Unternehmen ihre Erstattungsanträge bei der zentralen Behörde ihres Ansässigkeitsstaates einreichen. In Deutschland ist dies das Bundeszentralamt für Steuern. Der Antrag ist elektronisch zu stellen und muss jeweils bis zum 30. September des Folgejahres gestellt werden. Der

Antrag wird auf Vollständigkeit und Zulässigkeit geprüft und ist innerhalb von 15 Tagen an den Erstattungsmitgliedstaat weiterzuleiten. Über den Eingang des Antrags beim Ansässigkeitsstaat sowie beim Erstattungsmitgliedstaat erhält der Unternehmer unverzüglich eine Eingangsbestätigung. Bei der Bearbeitung des Antrags hat der Erstattungsstaat gewisse Fristen zu beachten. Wird der Antrag für korrekt befunden, ist der Vergütungsbetrag innerhalb von zehn Kalendertagen auszuzahlen.

Zu früh gefreut haben sich die Unternehmen, die auf eine Abschaffung der Sprachbarrieren gehofft hatten. In der Zukunft werden längst nicht überall Anträge in Englisch oder gar Deutsch entgegen genommen. Dennoch: Auch wenn das elektronische Vorsteuer-Vergütungsverfahren lediglich im Verhältnis zu anderen EU-Mitgliedstaaten gilt, bedeutet bereits der Verzicht auf die obligatorische Übersendung aller Originalbelege eine erhebliche Vereinfachung für die Unternehmen. (1), (3), (5)

Trends

Im Großen und Ganzen ist es dem Gesetzgeber gelungen, mit dem Mehrwertsteuerpaket Erleichterungen zu schaffen. Allerdings bleibt abzuwarten, inwieweit sich die neuen Bestimmungen in der Praxis bewähren. Leider sind schon jetzt Regelungslücken und Umsetzungsprobleme offensichtlich, die schnellstmöglich korrigiert werden sollten. Zudem fehlen noch Erläuterungen der Finanzbehörden zum Vorsteuervergütungsverfahren und zur Zusammenfassenden Meldung. (4)

Fallbeispiele

Der Begriff des ausländischen Unternehmers wurde zum 01.01.2010 modifiziert. Ein Bespiel zur deutschen Betriebsstätte eines Unternehmens mit Sitz im EU-Ausland: Das inländische Unternehmen U aus München lässt eine Maschine vom Maschinenlieferanten M aus Österreich warten. M hat in München eine Betriebsstätte. Ein Mitarbeiter dieser Betriebsstätte führt die Wartung durch. U bezieht eine sonstige Leistung von einem Unternehmer mit Sitz in Österreich. Da die Leistung jedoch von der inländischen Betriebsstätte des M ausgeführt wird, handelt es sich bei M nicht um einen ausländischen Unternehmer. M muss dem U eine Rechnung mit deutscher Umsatzsteuer ausstellen. Das Reverse-Charge-Verfahren kommt nicht zur Anwendung. Wird die Wartung jedoch von einem Mitarbeiter des Stammhauses in Österreich durchgeführt, handelt es sich bei M nun um einen ausländischen Unternehmer i. S. d. Umsatzsteuergesetzes, da die inländische Betriebsstätte nicht an der Leistungserbringung beteiligt ist. Das Reverse-Charge-Verfahren kommt zur Anwendung. M muss somit eine Netto-Rechnung ausstellen mit Hinweis auf den Übergang der Steuerschuldnerschaft auf U in Deutschland. (3)

Weiterführende Literatur

(1) Im neuen Jahr zahlt der Kunde die Steuerzeche
aus Frankfurter Allgemeine Zeitung, 16.12.2009, Nr. 292, S. 21

(2) Bürokratie beutelt Firmen mit neuen Steuerregeln
aus Handelsblatt Nr. 212 vom 03.11.2009 Seite 16

(3) Umsatzsteueränderungen ab 1. 1. 2010: Was ist bei der Umsetzung im Rechnungswesen zu beachten?
aus Zeitschrift für Bilanzierung und Rechnungswesen, Heft 12/2009, S. 560

(4) Zusammenfassende Meldung bei grenzüberschreitenden Warenlieferungen und Dienstleistungen
aus UR - Umsatzsteuer-Rundschau 22/2009, S. 790-792

(5) Umsatzsteuererstattung online
aus Creditreform Nr. 01 vom 04.01.2010 Seite 034

Impressum

Umsatzsteuer - Statt Ursprungslandprinzip ab 2010 Empfängerortprinzip

Bibliografische Information der deutschen Nationalbibliothek

Die Deutsche Nationalbibliothek verzeichnet diese Publikation in der deutschen Nationalbibliografie; detaillierte bibliografische Daten sind im Internet über http://dnb.d-nb.de abrufbar.

ISBN: 978-3-7379-1384-3

© 2015 GBI-Genios Deutsche Wirtschaftsdatenbank GmbH, Freischützstraße 96, 81927 München, www.genios.de

Alle Rechte vorbehalten. Dieses Werk ist einschließlich aller seiner Teile – z.B. Texte, Tabellen und Grafiken - urheberrechtlich geschützt. Jede Verwertung außerhalb der Grenzen des Urheberrechtsgesetzes bedarf der vorherigen Zustimmung des Verlags. Dies gilt insbesondere auch für auszugsweise Nachdrucke, fotomechanische

Vervielfältigungen (Fotokopie/Mikroskopie), Übersetzungen, Auswertungen durch Datenbanken oder ähnliche Einrichtungen und die Einspeicherung und Verarbeitung in elektronischen Systemen.